くり返し読みたい 空海

監修 近藤堯寛（高野山 櫻池院住職）
画 臼井治

はじめに

空海が生きた時代は、政治のいざこざで多くの血が流れ、敗れた者の祟りとされる疫病も流行した、混迷の時代でした。彼はそんな時代にあって、エリートコースを捨てて修行に励み、当時知られていなかった密教の教えを学ぶために中国へと渡ったのです。そして、持ち帰った密教の教えや彼自身の技能で、たくさんの人々を救ってきました。

また、空海は、社会や人間の在り方を鋭く観察して、少しでも悟りに近づいてほしいと多くの言葉を残しました。その教えは、１２００年を経た今も生き続け、人々に大切に受け継がれているのです。

本書が空海とあなたをつなぐ架け橋となれば、これに勝る幸いはありません。

目次

はじめに　3

第一章　心を落ち着かせる言葉

みんな誰かとつながっている　12
事業を成すには協力者がいる　14
善行は自然に周囲に伝わる　16
人の数だけある願い　18
人生は思い通りにならないことばかり　20
自分のすべきことを見つめる　22
暗い気持ちでいれば、全部いやなこと
明るい気持ちでいれば、全部いいこと　24
様々な感情は心が変化したもの　26
毎朝心を整え直す　28
苦しみから解放される方法　30

人も物も常に変化している——32
悟りは外に求めるものではない
いつもあなたの心の中にある——34
物事の真実に目を向ける——36
心に鏡を持つ——38
［コラム］空海の人生①若き日の空海——40

第二章　迷いから抜け出す言葉

言葉よりまず動き出す——42
自分の心の変化に気づく——44
しっかり基礎を固める——46
本を読み尽くしても、わからない
だから、本場に行って学ぶ——48
学んだ知識は実践に移す——50

仏様の教えは身近にある 52
地獄は自分の心の中にある 54
辛い状況も、いつか好転する 56
学びを広めることで、道はつながる 58
星々はいつも空にある
見えなくなるのは、雲があるから 60
枯木は芽吹くための準備期間 62
物事の本質を見極める 64
環境が変わっても、ぶれない心をもつ 66
[コラム]空海の人生②唐に渡る 68

第三章　人間関係をよくする言葉

長く語らなくても分かり合える 70
人の才能を見つけられないわけ 72

力を合わせ、大きな物事を成し遂げる　74
相手に必要な時機を見極める　76
時には黙して語る　78
持てるものを人のためにどう活かすか　80
誰かを助けたいならまずその人の立場に立つ　82
出会いによって、人生が変わる　84
世の中は悪にあふれている　86
肉体はなくなっても、物に思いは遺される　88
相手と自分を区別しない　90
自分が成長することと人のために尽くすことが大切　92
自分のことを棚に上げない　94
その人の個性に合った仕事がある　96
［コラム］空海の人生③高野山の開山　98

第四章　自分を律する言葉

私たちの心には壮大な宇宙がある　100
過去から学んでも真似はしない　102
手に入れた富や名誉にすがりつく
その姿は、糞を転がす虫に似ている　104
悪事を隠すことなどできない　106
一つでも自分にしかできないことを身につける　108
自分の利益を学びの目的にしてはいけない　110
行動が変われば結果は変わる　112
新しいことを学びたければまず今の自分を捨て去ること　114
「自分は特別」と思うと恥をかく　116
自分を棚に上げて他人を批判しない　118
心と環境は影響し合う　120

一流の仕事は、道具の手入れから始まる —— 122
人の成長は学び方にかかっている —— 124
うまくいかないことを他人のせいにしない —— 126
［コラム］空海の人生 ④空海の入定 —— 128

第五章　強く生きられる言葉

結果が出なくても投げ出さない —— 130
厳しさの中にも「赦《ゆる》し」の視点を —— 132
心が清らかになれば、迷いは消え失せる —— 134
自分の都合ばかりを優先する人は毒龍に吸い込まれる —— 136
貴重な機会を逃さない —— 138
短い一生で何を積み重ねるか —— 140
空海は今も私たちを救ってくださる —— 142
人と時代がぴったり合った時、道は開ける —— 144

気づくことが悟りだ　迷っても驚くことはない――146
私たちは生や死について何も知らない――148
言葉には人を動かす力がある――150
本当の賢者は何も語らない――152
宝はすでに自分の心の中にある――154

年表――156
地図――158

第一章

心を落ち着かせる言葉

みんな誰かとつながっている

もし恵眼《えげん》を以てこれを観《かん》ずれば一切の衆生《しゅじょう》は皆これ我が親なり（教王経開題《きょうおうきょうかいだい》）

私たちは輪廻転生の世界で、生まれ、死ぬことをくり返し、今ここにいます。ですから今、目の前にいる小さな我が子や、年老いた両親も、大きな時の流れの中では互いに親であり、子でもあるのです。

落ち込んだときや、物事がうまくいかないときには、誰も自分のことを心配していないし、助けてくれないと思ってしまうかもしれません。しかし、私たちの周りにいる誰もが、目に見えなくてもつながり合って生きていると考えてみると、世界が変わってくるはずです。あなたのことを親のように、子のように見守ってくれている人がいるのです。そのつながりを感じられる心を持つことで孤独感は薄れ、周りの人たちに感謝の気持ちをもって接することができるでしょう。

事業を成すには協力者がいる

一手拍《いっしゅはく》を成さず
片脚歩むことを能《あた》わず
（高野雑筆集《こうやざっぴつしゅう》）

右手と左手を合わせるとパチンと音がします。右足と左足を交互に動かすことで私たちは歩くことができます。

それは当たり前だと思うでしょう。しかし、空海はこの句に続き、「必ず彼此の至誠によってすなわち感応を致す」といっています。私たちは何か願望があるとき、必死に仏様にお祈りしますが、ただ祈るだけで自分が正しい生き方をしていなければ、その

願いが成就することはありません。
　誰でも不安なときは何かにすがりたくなるもの。他人の力や道具、お金、本……様々なものが不安を解決してくれるように感じるでしょう。しかし、まずは自分の襟を正すこと。それでなければ片手で拍手を続けているようなものなのです。

善行は自然に周囲に伝わる

香《こう》を執《と》れば自ら馥《かんば》し　衣《ころも》を洗えば脚浄《きよ》し（性霊集《しょうりょうしゅう》）

仏教において香は欠かせないもので、心身を清めるために使われます。「香をいつも使っていれば自然と体からもよい香りがするようになり、着物を川で洗えば水に浸かる自分の足まできれいになる」というこの言葉は、清らかなものが自然に広がっていくことを表しています。

自分が善い行いをしていれば、あれこれ口に出さなくても自然と周囲に伝わっていくものです。たとえば、仲間のなかで約束の時間をきっちり守る人がいれば、自然と他の人も遅れずに集まるようになるものです。

たとえ小さな心がけでも、それがどんどん周囲に広がることで、皆が穏やかに生きられるようになるでしょう。

人の数だけある願い

箕星《きせい》は風を好み畢星《ひっせい》は雨を好む　人の願《ねが》い同じからざること亦《また》かくの如し
（性霊集）

箕星や畢星というのは、中国の占星術で使われた二十八宿《しゅく》という星座のひとつ。箕星は風の神、畢星は雨の神と関わりがあるとされることから生まれた名言です。輝く星でさえも、それぞれ惹かれるものが異なるのですから、私たちの願いが一人ひとり違うのも当たり前のこと。みんなが同じでなければいけない、という考え方のほうが不自然です。だから、たとえ周りから変だと思われても自分が信じた道なら、ただひたすらそれに向かっていけば良いのです。周りの人には理解されなかったとしても、その思いと行動があなたを輝かせるでしょう。

人生は思い通りにならないことばかり

生《しょう》はこれ楽に非《あら》ず
衆苦《しゅうく》の聚《あつま》る所なり
（教王経開題）

「人生は楽なものではない。この世は辛いことや苦しいことの集まるところである」という この言葉の通り、どんな人も苦しみを避けて通ることはできません。お金がある人も貧しい人も、皆同じように、思い通りにならない苦しみのある世界に生きています。

では、苦しみに振り回されることなく穏やかに生きるにはどうしたらよいのでしょうか。そのためにできることの

一つは、今自分の持っているものや、与えられた環境に満足すること。どんな状況にあっても悲観的になったり、投げやりになったりせず、身の回りにあるものに感謝できれば、苦しみに心を振り回されることはないでしょう。
　苦しみを背負いながらも楽しく生きることはできるのです。

自分のすべきことを見つめる

孤雲《こうん》定まれる処《ところ》なし　本《もと》より高峰《こうほう》を愛す（性霊集）

これは空海が親交のある良相公《りょうしょうこう》という人物からの手紙に返信した詩の一節で、「空に浮かぶひとひらの雲は、一つのところにとどまらない。もとより高くそびえる峰を愛しているのだから」という意味です。「雲」は空海のこと。都に下りて教えを説いてほしいという良相公の依頼に対し、空海は、華々しい都での活躍よりも、自然に囲まれた高野山での修行こそ、自分のすべきものだと述べています。

周囲の期待や要望に応えることは大切ですが、自分のやりたいことから離れていくと、いつの間にか心も疲れてしまうもの。ときには自然に囲まれた静かな場所で、自分の好きなことに目を向けてみませんか。きっとそこから今すべきことが見えてくるはずです。

心暗きときは遭《あ》う所ことごとく禍《わざわ》いなり
眼《まなこ》明らかなれば途《みち》にふれてみな宝なり（性霊集）

暗い気持ちでいれば、全部いやなこと
明るい気持ちでいれば、全部いいこと

様々な感情は心が変化したもの

水外《すいげ》に波なし　心内《しんない》即ち境《きょう》なり（吽字義《うんじぎ》）

洗面器に入った水の中で手をバタバタと動かすと波が立ちます。波というのは水が変化したものであり、水から離れたところに存在することはありません。

それと同じで私たちの中で起こる怒りや悲しみ、不安、喜びなどの様々な感情は、心を離れて存在するわけではありません。イライラを解消したいからといって、その感情だけを切り離すことはできないのです。心が不安定であればネガティブな感情が生まれやすく、心が整えられていれば多少のことには動じず、前向きに考えることができるでしょう。

起こっている物事に対して、どのように捉えるのかは今のあなたの心の状態次第なのです。

毎朝心を整え直す

朝朝　一たび自心の宮を観ぜよ（性霊集）

昨今、朝早く起きて活動する人が増えています。朝の清々しい空気の中で体を動かしたり、勉強や仕事をしたりすることで生活リズムが整い、一日を元気に過ごすことができます。

そんな朝だからこそ取り入れたいのが、自分の心と向き合うこと。私たちは毎日多くの情報にさらされながら、自分の心が今どんな状態であるかに目を向けることなく忙しく働いています。朝のひとときは、テレビやスマホから離れ、自分の心をゆっくり観察してみてください。もしかすると傷や汚れが見つかることがあるかもしれません。それらに自分自身が気づくことが大切です。一日のはじめに心を丁寧にメンテナンスし、元気を取り戻してあげましょう。

苦しみから解放される方法

ただ禅那《ぜんな》と正思惟《しょうしい》とのみ有ってす（般若心経秘鍵《はんにゃしんぎょうひけん》）

仏教には「一切皆苦《いっさいかいく》」という言葉があり、人生は思い通りにならないことばかりだとされています。生、老、病、死に加え、愛する人と別れる苦しみなど、私たちは様々な苦しみを背負って生きています。

そのような逃れられない苦しみの中で、安らかな心を保つために必要なことが、禅那と正思惟であると空海は述べています。禅那とは、瞑想や

座禅によって精神を集中させること、正思惟は八正道と呼ばれる正しい行動の一つで、怒りや憎しみに左右されず正しく判断することを表します。
これらを実践することで、私たちの悩みや苦しみの原因を正しく観察できるようになり、安らかな境地に達することができるでしょう。

人も物も常に変化している

物に定まれる性《しょう》なし　人なんぞ常に悪ならん（秘蔵宝鑰《ひぞうほうやく》）

仏教で説かれる「空」の教えでは、形あるものはすべて実体がなく様々な縁によって生まれるものであると説かれています。この世に不変のものなどなく、常に変化していて、私たちは目の前にある瞬間を目にしているにすぎないのです。

どんな物にも決まった性質などありませんし、すべての人は常に変わりゆく存在です。今悪に手を染めている人でも、何かの縁と出会うことで生き方が変わることもあるでしょう。

もし今、心に不安があったり、うまくいかないと悩んでいたりしても、それがずっと続くということはありません。人や教えとの縁を大切にし、感謝しながら生きていれば、きっと人生が好転する時が訪れるでしょう。

仏法遥かに非ず　心中《しんじゅう》にして即ち近し（般若心経秘鍵）

悟りは外に求めるものではない
いつもあなたの心の中にある

物事の真実に目を向ける

水月の円鏡《えんきょう》はこれ偽れる物なり　身上の吾我《ごが》もまた非なり（性霊集）

水面に映る満月は美しく見えても、決して本物ではありません。それと同じように、私たちの身体に宿る自我もまた実体のないものだと空海はいいます。

水に映った月が偽りの姿であることはすぐに理解できます。それを手ですくうことができないからです。しかし、物事に向き合うとき、私たちは本質から目を背け、表面的な、真実ではない部分に心を奪われてしまいがちです。自分と向き合うときも同じです。そのような思い込みにとらわれることを空海は戒めています。

まずは、実体のない「自分」への執着から離れてみましょう。そうすることで、常に移ろいゆく表面的な姿にとらわれることなく、月の光に照らされるように、私たちの大もとの姿がうかび上がるはずです。

心に鏡を持つ

池鏡私無く万色誰か逃れん

（性霊集）

池の水面は、すべての景色を逃さず、鏡のようにそのままの姿を映し出します。いくら取り繕っても、池を覗き込めば、今の自分の偽りなき姿と対面できるでしょう。

私たちは無意識のうちに、先入観や偏見をもって物事を見てしまうものです。たとえば、同じ料理であっても、〝高級〟や〝有名シェフが作った〟と言われれば一層美味しく感じることもあるはず。人に対

しても「あの人は怒りっぽいから」、「彼はエリートだから」などと、相手の行動を勝手に判断してしまったりします。
　物事をあるがままに見るというのはとても難しいことです。だからこそ、池の水面をイメージし、目の前にあるものと素直な心で向き合う練習をしてみてはいかがでしょうか。

空海の人生 ①若き日の空海

空海は774年、讃岐国に生まれました。幼名を真魚《まお》というその少年は、幼い頃から仏教に親しみ、学問の習得も早かったため、周囲からは神童と呼ばれていました。

15歳になると、学者である伯父のもとで論語や史伝を学び、18歳で官吏を養成するための大学に進みます。

大学では政治や経済、中国語など様々な勉強に励みますが、次第に安泰な仕官への道に疑問を感じ始めます。

やがて「学問だけでは人々を救うことができない」と、僧侶になる決意を固め、奈良にある大安寺の勤操大徳に弟子として入門。その後勤操大徳によって戒を授けられました。

大学を辞めた空海は修行の場所を求めて各地を転々としました。そしてその厳しい修行の中、初めての書となる『三教指帰』を執筆し出家を宣言しました。この時、空海は24歳でした。

第二章
迷いから抜け出す言葉

言葉よりまず動き出す

よく誦《じゅ》しよく言うこと鸚鵡《おうむ》もよく為す　言って行わずんば何ぞ猩々《しょうじょう》に異ならん

（秘蔵宝鑰）

「どんなに素晴らしい教えも唱えるだけならばオウムでもできる。口にしても実行しないならば、大猿と同じである」と空海はいいます。空海は多くの著作を残しただけでなく、その生涯で様々なことを実行し、人々を救っています。宗教にはじまり、教育や土木工事にいたるまで幅広い分野で才能を発揮したのです。

私たちは何かを始めようと決意しても、考えているうちに実行を躊躇してしまうことがあります。しかし、それではせっかくの知識や才能を人のために役立てることができません。失敗を恐れず、一歩踏み出してみましょう。動き始めることで、次にやるべきことも自ずと見えてくるはずです。

自分の心の変化に気づく

近くして見難きは我が心
（秘蔵宝鑰）

「あの人、今日は何だか元気がないな」「彼がそんなこと言うなんて珍しい。イライラしているのかな」。そんなふうに、私たちは他人の微妙な変化を敏感に感じ取るものです。親しい人に元気がなければ、「話を聞いてあげようか」「食事に誘ってみようか」と考えることもあるでしょう。

一方、自分の心に対してはどうでしょう。今の心の状態や変化にどれくらい目を向け

ているでしょうか。自分の心は自身に近すぎて見えづらいもの。また、少しくらい曇っていると思っても、放置してしまうこともあるでしょう。
見えづらいものだからこそ、よく観察し、丁寧に掃除して曇りを取り除く。時には少し離れて、自分の心を客観的に眺めることも大切です。

しっかり基礎を固める

枝を攀《よ》ずる者は悉《ことごと》く柢《ね》を極むるに驕る（性霊集）

「木の枝をよじ登る者は、根の丈夫さを過信している」という意味の言葉で、基礎や根本の教えの大切さを説いています。基礎の不確かさを気にせず、どんどん上に登っても、最後にその樹は根元からポキッと折れてしまうのです。

たとえば楽器を習得するときも、難しい曲をいかに間違えずに演奏できるかということばかりに気を取られて、基礎的な練習や楽器への理解を疎かにしていると、聴衆の心を動かすような演奏はできません。

根元を固めるには地道な努力が必要で、なかなか結果も見えづらいもの。しかし、しっかりと根の張った樹はどんなに年月が経っても倒れることはありません。途中で油断することなく、学びを続けましょう。

文《もん》に臨むも心昏《くら》し　願って赤県《せきけん》を尋ぬ（性霊集）

本を読み尽くしてもわからない
だから、本場に行って学ぶ

学んだ知識は実践に移す

もし病人に対《むか》って方経《ほうけい》を披《ひら》き談ずとも痾を療するに由《よし》なし（続性霊集）

「目の前にいる病人に向かって医学書を開いて、その内容を読み聞かせたところで、その人の病気を治すことはできない」と空海はいいます。さらにこの後の句では「必ずその病にあった薬を調合し、患者に飲ませるべきである。そうすれば病は消え、生命を維持することができる」と続きます。

つまり、困った人を助けるのに必要なのは理論をひけらかすことではなく、その理論に基づいた実践であるということです。専門的な知識を学んだり、偉い人の教えを聞いたりすると、それだけで満足し、実際の行動には何も活かされてないということがよくあります。学びの中で作られたたくさんの引き出しは、人のために使われる時を待っているはずです。

仏様の教えは身近にある

甚深秘蔵《じんじんひぞう》とは衆生《しゅじょう》自ら之《これ》を秘すのみ　仏の隠《おん》あるには非《あら》ず（吽字義）

甚深秘蔵というのは、とてつもなく深い秘密である真言密教の教えのことであり、私たちには理解するのが困難です。しかし、その理由は仏様が秘密を隠そうとしているからではありません。私たちが目前のことにとらわれ、盲目的になってしまっているからなのです。

空海は高野山の豊かな大自然の中で修行し、自分と仏を一体化させる感覚を身につけようとしていました。仏教の教えというと私たちにとって遠いものに感じるものですが、実は身近な自然の中にそれを理解するためのヒントがあるのかもしれません。季節の花々の香りや鳥のさえずり、月の満ち欠けなど周りにある自然を感じる心を養い、迷いの道から抜け出しましょう。

地獄は自分の心の中にある

地獄は何《いず》れの処《ところ》にか在る　孰《いず》れか自心《じしん》の中に観《み》ん（十住心論《じゅうじゅうしんろん》）

「地獄はどこにあるのだろうか。誰も自分の心の中に地獄を探そうとはしない」という言葉にハッとさせられます。他人の不正や悪事を見つけては批判し、「自分はそんな人とは違う」と優越感に浸っていても、実はその心の中には知らぬ間に醜さがこびりついているかもしれません。

仏教の教えの基本に「因果応報」という言葉があります。善い行いを続けていれば良い結果が訪れ、悪事を働き続ければ悪い結果に至るというもので、物事の結果には必ず原因があることを示しています。

今までの積み重ねで、心の中には地獄が広がっているかもしれません。日々の小さな行動を見直さなければ、消えることはないでしょう。

辛い状況も、いつか好転する

冬の凍《こおり》春に遭えば即ちそそぎ流る

（三昧耶戒序）

人生において、誰しも長い冬のような厳しい試練に遭遇するときがやってきます。それまで絶好調だったスポーツ選手がスランプに陥ったり、自信のあった仕事で思うような成果が出せなかったりと、できるはずのことができない自分に苛立ちを感じることもあるでしょう。

しかし、そのようなときに焦って不正に手を染めたり、他人にイライラをぶつけたり

するのは愚かなこと。何をしてもうまくいかないかのように感じる辛い状況も、刻々と変化を続けています。空海のこの言葉のように、冬に凍った氷は、春になれば溶けて流れ出します。冬の間は寒さに耐えながら、地道な努力を続けましょう。春の訪れは突然やってくるかもしれません。

学びを広めることで、道はつながる

道自ら弘《ひろ》まらず　弘まること必ず人による（秘密曼荼羅《ひみつまんだら》教付法伝）

どんな道も自然にできたわけではありません。誰かが切り拓き、踏み固めて道となったのです。素晴らしい教えも、その本質を伝え、広める人がいなければ、後世につながっていくことはありません。

空海は、大自然あふれる高野山を開創し、人々に密教を広めました。空海の入《にゅう》定《じょう》（悟りの境地に入ったという意味。一般では死を表す）後も、多くの弟子によって、その教えはさらに発展を続けていきました。

現在私たちが学んでいる様々な事柄は、先人たちが道を切り開いてくれたからこそ触れることのできるもの。自分が得た学びは、惜しみなく他人に与え、先に続く道をつくっていきましょう。

日月星辰《じつげつせいしん》は本《もと》より虚空に住すれども雲霧蔽虧《へいき》し烟塵映覆《えんじんえいふく》す（吽字義）

星々はいつも空にある
見えなくなるのは、雲があるから

枯木は芽吹くための準備期間

禿《かぶろ》なる樹　定《さだ》んで禿なるに非《あら》ず（秘蔵宝鑰）

日本には美しい四季があり、同じ窓から見える景色も季節ごとに異なります。たとえば桜の花は春にはたくさんの花を咲かせます。花が散ると葉がのび始め、夏になると青々とした葉をしげらせます。そして涼しくなる秋には、その葉が赤や黄色に色づき、やがて葉はすべて落ちて枝だけになるのです。

私たちもこの木のように、絶えず変化している存在です。良いことだらけの人生も、悪いことだらけの人生もありません。ですから、良いときは油断せず、悪いときには悲観的にならず、謙虚に日々を過ごしましょう。枯れ果てたように思える桜の枝の先も、よく見ると芽ができています。永遠に続くかのように感じられる辛い日々にも、きっと次へとつながる希望が隠れているはずです。

物事の本質を見極める

医王《いおう》の目には途《みち》に触れてみな薬なり
解宝《げほう》の人は礦石《こうしゃく》を宝と見る
（般若心経秘鍵）

「優れた医者は道に生えているどんな草にも、薬としての効能を見いだすことができる。宝石のことをよく知る人は、石のかたまりも宝と見る」という言葉にこめられた教えは、物事の本質を見極める眼を養うということ。

私たちは物事の表面だけを見て判断しがちですが、これは仏教の言葉で「肉眼《にくげん》」という最も能力の低い段階。修行を重ねることで、本質を見抜

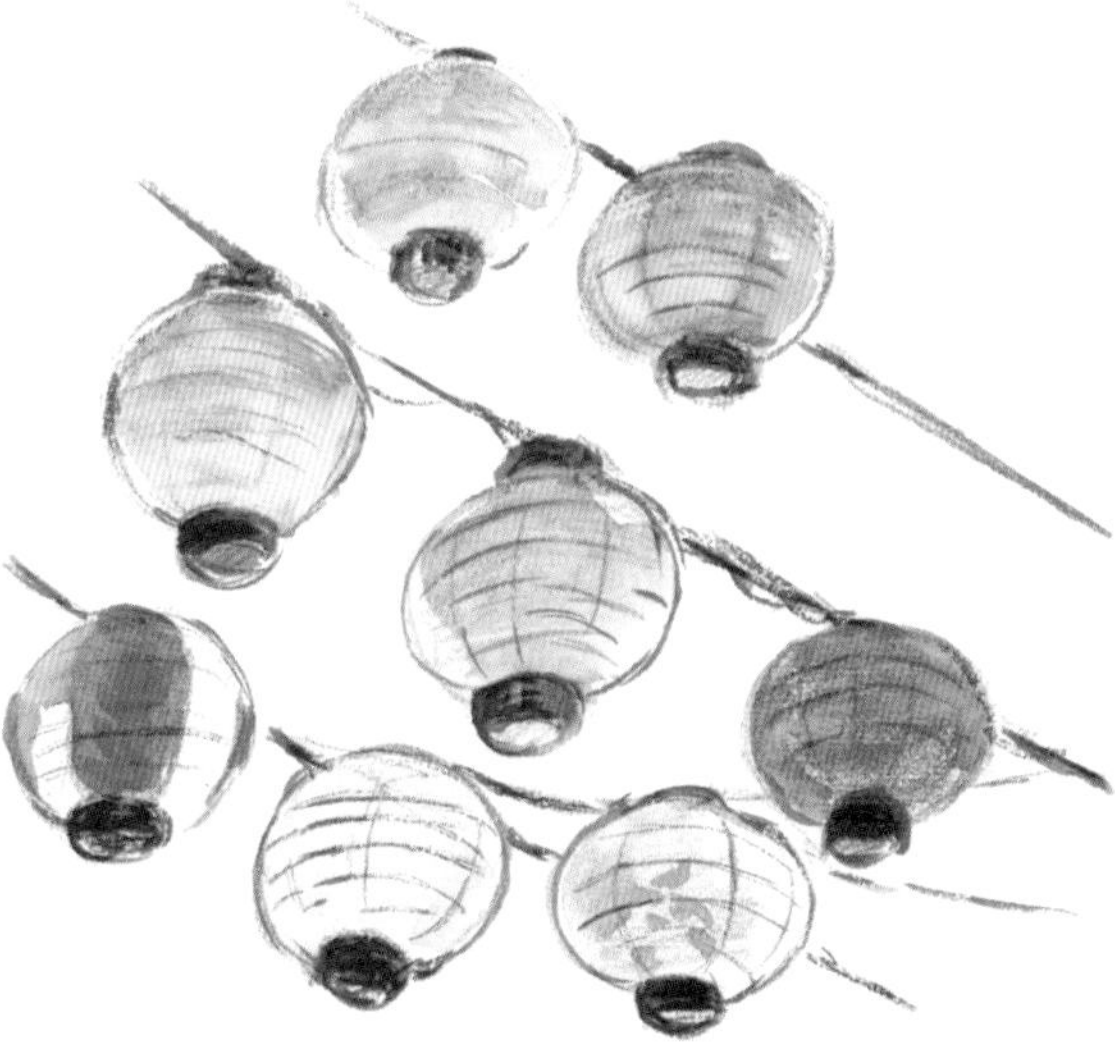

きあらゆるものを見通すことのできる「仏眼《ぶつげん》」を養うことができます。
　私たちの人生は一見すると毎日が平凡で、つまらないと感じることも多いものです。しかし、視点を高くすればすべての物事から学ぶことができ、価値を感じることもできます。起こっていることに無駄なものなど一つもないのです。

環境が変わっても、ぶれない心をもつ

南斗は随《したが》い運《めぐ》れども　北極は移《うつ》らず（秘蔵宝鑰）

夜空の星はどれも時間とともに動きます。しかし、北極星だけは唯一、北の空でほとんど動くことなく輝き続け、方角を知るための目印になります。

人にも、さまざまなものに流されて心がいつも定まらない人がいる一方、どっしり構えてぶれずにいる人もいます。その人は、どこにいても周りに埋もれることなく、オンリーワンの輝きを放っているはずです。

自分をとりまく環境も、周りの人も、それに対応する心も、刻々と変化していきますが、「正しく生きたい」という思いは持ち続けることができます。心に不安があるときは、「生き方を変えるべきなのか」と迷うこともあるでしょう。しかし、自分の心の核にあるものは、しっかり守っていかなくてはいけません。

空海の人生 ②唐に渡る

出家を宣言し、厳しい修行を続ける空海はある時、夢で「汝の求める経典は大和国高市郡久米の道場の東塔の下にあり」と告げられます。そして奈良の久米寺に赴き、その地で真言密教の重要な経典である『大日経』と出会ったのです。

しかし『大日経』は難解で、各地の高僧に尋ねても明解な教えを得ることができませんでした。そのため空海は密教が盛んな唐に渡る決意を固めたのです。

空海は国家の正式な僧として認められ、遣唐使として唐に渡ることとなりました。

唐の都・長安にたどりついた空海は、様々な知識を得た後、ついに密教の根本道場である青龍寺《しょうりゅうじ》で恵果阿闍梨《けいかあじゃり》から正統の密教を受け継ぐ機会を得ました。

そして恵果の教えをすべて伝授された空海は千人もいる弟子を差し置いて、わずか三ヶ月で阿闍梨位を譲られ、第八代の密教の祖師となったのです。

第三章
人間関係をよくする言葉

長く語らなくても分かり合える

人の相知ること
必ずしも対面して
久しく話《かた》るのみにしも在らず
意通じれば傾蓋《けいがい》の遇《ぐう》なり
（性霊集）

初めて会ったはずなのに、すぐに意気投合してお互いの考えに共感し合えることもあれば、どんなに長く話し合っても一向に相手のことを理解できない関係の人もいます。

「人とわかり合うのには、対面して長く語り合う必要はない。心が通じ合えばすぐに昔からの友人のように親しくなれる」という空海の言葉にあるように、人と人をつなぐのは上辺の会話ではなく、心な

のでしょう。
人との出会いは人生を大きく左右するもの。旅先で出会った人や、喫茶店で隣の席に座った人など、偶然の出会いから長く縁が続くこともあるものです。「どうせもう会うこともないだろうから」などと勝手に決めつけず、一つ一つの出会いを大切にしましょう。

人の才能を見つけられないわけ

末学《まつがく》　大虚《たいこ》を小室《しょうしつ》に逃《かく》す（秘密曼荼羅十住心論）

「学びが未熟な者は、才能あふれる人物を過小評価する」という言葉です。いくら計算ができたり、たくさんの物事を暗記していたりしても、自然の摂理や道理を知っていなければ、正しく物事を見ることができません。周りに優れた人がいても、それを理解することができないでしょう。

また、自分自身に対してはどうでしょうか。「私は何もできないから」などと自分のことを過小評価していないでしょうか。

誰にでも必ず才能はあります。周りと比べる必要はありません。謙虚な姿勢で学び続けることで、自分のことも他人のことも正しく評価できるようになるでしょう。

力を合わせ、大きな物事を成し遂げる

一塵大獄《いちじんたいがく》を崇《たか》くし　一滴広海《こうかい》を深くする所以《ゆえ》は
心を同じくし力を勠《あわ》するが致すところなり（性霊集）

「一つの塵《ちり》が集まって山が高くなり、一滴の水が集まって海が深くなるのは、それらが心を一つにして力を合わせたからである」というこの言葉は、空海が高野山に仏塔を建立する際、寄付を募るために書かれた手紙の一節です。空海は釘一本、材木一片でもよいからぜひ喜捨いただきたいとも綴っています。

大きなことを成し遂げるのに必要なのは奇抜なアイデアではなく、小さな努力の積み重ねです。一人ひとりの力は小さくてもそれぞれが自分のできることを持ち寄ることで、パズルのピースがはまっていくように少しずつ形になっていくでしょう。

相手に必要な時機を見極める

利他時有り　虚心物に逐《したが》う
（性霊集）

仏教には「忘己利他《もうこ》」という言葉があり、自分のことは忘れ、他人のために尽くすことが理想の生き方とされています。空海は、さらに利他について時機を逃さず、物事は、こだわりのない素直な心に同化するのだといいます。

例えば、目の前にいる相手は今すぐ助けを必要としているかもしれません。反対に、困難にぶつかっても少し自分で考えたいと思っている人も

いるでしょう。そのタイミングを間違えると、相手にとっては助けにならず、ただの自己満足になってしまうかもしれません。

先入観にとらわれず、相手の心に寄り添うことで、本当にその人が必要としているものが見えてくるはずです。

時には黙して語る

方円《ほうえん》の人法《にんぼう》は黙さんには如《し》かず（性霊集）

意見が違う人と出会ったとき、「自分が正しい」と思うあまり、相手を攻撃してしまうことはないでしょうか。

空海は、「方《ほう》（四角）になったり円になったりしているような人には、深い教えは説かず黙っている方がよい」といいます。また、この言葉の次には「教えを説く者と、聴く者との心が瑠璃（宝石）のように照り返し合えば、心の交流が高まる」という一節もあります。

空海は多くの言葉を残し、教えを説きましたが、その一方で黙するということも大切にしていました。多くを語るより、沈黙によって、相手に気づきを与えることもあるでしょう。

持てるものを人のためにどう活かすか

貧を済《すく》うに財を以てし　愚を導くに法を以てす
財を積ざるを以て心とし　法を慳《お》しまざるを以て性とす（性霊集）

これは、空海の師である恵果和尚《けいかかしょう》が亡くなったときに、空海が石碑に刻んだ言葉の一節です。恵果和尚は、貧しい人には財貨を与え、悩める人には仏法を用いて教えを説きました。人々に惜しみなく仏法を伝える恵果和尚の元には多くの人が訪れ、皆満ち足りた気持ちで帰って行ったといいます。

私たちも恵果和尚のように他人に惜しみなく力を貸すことができるでしょうか。自分が手に入れた知識や財産を、ひたすら大事に守っているのは自己満足にすぎません。他人のため、社会のために役立てることで、その思いは人から人へとつながり、より大きな力となっていくでしょう。

大士《だいじ》の用心は同事これを貴ぶ（高野雑筆集）

誰かを助けたいなら
まずその人の立場に立つ

出会いによって、人生が変わる

遇《あ》うと遇《あ》わざると　何《なん》ぞそれ遼《はる》かなる哉《や》（性霊集）

「出会うか、出会わないか、それには遥かな違いがある」という言葉で、この後に続く句では、「鳳《ほうおう》や鵬《たいほう》についていけば、蚊や虻でも空の彼方まで飛ぶことができる」ともいっています。

仏教では「因縁生起《いんねんしょうき》」という言葉がありますが、すべての物事には原因（因）があり、さまざまな縁によって結果が起こります。誰かの助けや、些細なことがきっかけとなって、自分の力ではたどり着けないようなところに到達できることもあるのです。

何事も、一人の力で何とかしようとするのではなく、目の前にある縁を大切に、お互いに助け合うことを忘れてはいけません。

世の中は悪にあふれている

物に善悪あり　人に賢愚殊なり　賢善の者は希《まれ》に　愚悪の者は多し（秘蔵宝鑰）

私たちは子どもの頃、大人から「悪いことはしてはいけない」「嘘はついてはいけない」といわれて育ちました。しかし、大人になった今、お金儲けのために嘘をついたり、誰も見ていないからと仕事の手を抜いたり、うまくいかなかったことを他人のせいにしたり……そのようなことが身の回りにあふれていませんか。

空海は「物事には善悪があり、とりわけ賢い者と愚かな者の差ははっきりしている。賢く善良な人は稀であり、愚かで悪しき人が多い」といいます。

多くの悪の中で周りの空気に流されず、正しさを貫くというのは勇気がいることかもしれません。しかし、あなたのその姿勢に共感する人はきっと現れます。迷わずにそのまま歩みを続けましょう。

肉体はなくなっても、物に思いは遺される

物を観《み》てその人を想う（高野雑筆集）

物は自分で動くこともできなければ、何かを語ることもできません。雑に扱えばすぐに壊れてしまう物も、大切に扱えば、長く輝きを保つことができます。同じ物でも、使う人の思いによって、その佇まいも違って見えるでしょう。

空海は「遺品を見ると、亡き人が偲ばれる」といいます。その人の肉体がこの世から消えてしまっても、物には思いが残されているのです。使い込んだ調理道具や、整然と並んだ本棚を見れば、持ち主がどんな生き方をしていたのかが手に取るようにわかるでしょう。

同じような毎日であっても、一日一日を丁寧に過ごすことで、あなたの生き様は刻まれていきます。そこにあなたはどんな思いを残しますか。

相手と自分を区別しない

嫉妬の心は彼我《ひが》より生ず
平等を得ればすなわち嫉妬を離る
（金剛《こんごう》般若《はんにゃ》波《は》羅《ら》蜜経《みつきょう》開題《かいだい》）

「あの人と私は違うものだと区別するから、嫉妬が生まれる。相手も自分も同じ存在だと理解すれば、嫉妬の心はなくなる」という言葉です。ここでいう「彼我」とは、自分と他人を分けて考えること。自分がうまくいっていないときに、周りに成功している人がいると、心の中で「なんであの人ばっかり」と呟いてしまうものです。しかし、そのような嫉妬心は「どうせ私は

何をやってもうまくいくはずなんかない」という劣等感まで生み出してしまいます。
　今、成功している相手も、自分と同じように悩み苦しんでいる仲間、そう捉えることができれば、自然と他人の喜び、悲しみに寄り添えるようになるでしょう。

釈教は浩汗《こうかん》にして際なく涯《はて》なし
一言《いちごん》にしてこれを蔽《おお》えば　ただ二利《にり》に在り（御請来目録《ごしょうらいもくろく》）

自分が成長することと
人のために尽くすことが大切

自分のことを棚に上げない

いかんが己身《ごしん》の膏肓《こうこう》を療せずして
たやすく他人の腫脚《はれあし》を発露《あらわ》すや
（三教指帰《さんごうしいき》）

他人の欠点は非常によく目につくもの。「自分の病気を治していないのに、なぜ他人の脚にある腫れ物のことをとやかく指摘するのか」という この言葉は、まさしく自分のことを棚に上げて、他人の欠点ばかり指摘する私たちのことを表しているかのようです。

空海の別の言葉に「人の短を道《いう》ことなかれ　己の長を説くことなかれ」があります。

自分も他人もたくさんの欠点

を抱えて生きている人間。まるで自分には欠点がないかのように長所をひけらかすのは愚かなことです。
　自分の未熟さに気づけば、他人の長所に目を向けられるはず。それは人間関係を穏やかにするとともに、自身の成長の糧にもなるでしょう。

その人の個性に合った仕事がある

良工《りょうこう》の材を用うるはその木を屈せずして廈《か》を構う（性霊集）

プラスチックのような人工的なものと違い、木にはひとつとして同じものがありません。真っ直ぐな材木もあれば、少し曲がったものもあり、それぞれの生育した環境により個性やクセを持っています。ですから、経験豊富な大工は、それぞれの個性が活きるよう、どの部分にどの材木を使うかを決めて家を建てていくのです。それはまさに一流のリーダーの仕事術といえます。

たとえば、会社のような場面では、社交的な人、一人で作業をするのが好きな人、計算が得意な人など、さまざまな人が集まって仕事をします。良いリーダーは、それぞれの個性に合わせて人を適材適所に配置することが大切です。それにより、仕事の質は高まり、より強い集団となるに違いありません。

空海の人生 ③高野山の開山

空海は、師匠である恵果の「日本で真言密教を広めよ」という遺言を受け、20年と定められた留学期間を破ってわずか2年で帰国することになりました。その罪は重く、入京の許可が出るまでは、太宰府で過ごさなければなりませんでした。

そして2年後、ついに空海は入京を許されることになります。これには先に唐から帰国した最澄による朝廷への進言が大きく関わっていたと考えられています。

空海は唐から帰国する際、「密教を広めるのに相応しい場所を教えたまえ」と祈念し、三鈷杵（法具）を東の空に向かって投げました。そして帰国後、全国行脚をするうちにそれが高野山の松にかかっているのを見つけたのです。

空海は高野山こそ真言密教の修行の地だと確信し、嵯峨天皇に下賜を願い出ます。そして、朝廷から速やかに土地を与えられることとなり、高野山の開創工事が始まることとなったのです。

第四章
自分を律する言葉

私たちの心には壮大な宇宙がある

遮那は阿誰《たれ》が号《な》ぞ　本是《もとこ》れ我が心王《しんのう》なり（性霊集）

「大日如来とは誰の名か。もともとこれは自分の心の中にあるのだ」と空海は述べています。

大日如来とは、すべての仏様がつながる、密教において最も重要な存在。宇宙そのものでもあり、すべての生きとし生けるものを照らす光でもあります。大日如来はもちろん私たち一人ひとりも照らしてくれています。だから、誰もが仏としての性質と、広く深い心を持っているのです。

空海は瞑想による修行を大切にしており、瞑想によって宇宙と一体になる感覚を得ていたといいます。私たちも心を落ち着け、ひたすら内面に目を向けていくことで、自分の中にある限りなく広い世界を感じられるはずです。

過去から学んでも真似はしない

詩を作る者は古体を学ぶを妙とし
古詩を写すを能とせず
（性霊集）

美術や音楽、文章、詩など何らかの作品を作ろうとするとき、意図的ではなくても既に存在する作品に似たものができてしまうということはよくあります。出来上がった作品は、一見すると良い仕上がりに見えるかもしれませんが、決して人の心を動かすようなものにはなりません。

空海は、「詩を作る者は、古い形式を学ぶことがよいと考えますが、古詩をそのまま

写すことはよしとしません」といいます。私たちは先人による素晴らしい作品に触れ、その形式を学びながらも、そこから自分にしかできないものを作り上げていかなければならないのです。
　それは人生も同じこと。誰の真似でもない、自分だけの道を創造しましょう。

人皆蘇合《そこう》を美《よ》みす　愛縛蜣蜋《きょうろう》に似たり（性霊集）

手に入れた富や名誉にすがりつく
その姿は、糞を転がす虫に似ている

悪事を隠すことなどできない

鳴鐘《めいしょう》を掩耳《えんじ》に偸《ぬす》む（秘密曼荼羅十住心論）

「ある泥棒が美しい音の鳴る鐘を盗み、運んでいると、どこかで鳴っている他の鐘の音に共鳴し、盗んだ鐘まで鳴り始めてしまった。泥棒は思わず自分の耳を塞いで音が聞こえないようにした」という故事に基づく言葉で、自分は悪事を隠しているつもりでも、すでにそれは他人に知れ渡っているということを示します。

仏教には「十悪」というものがあります。殺生、盗み、嘘、他人への非難、尽きることのない欲望や怒り、ねたみなど10の悪事は他人を傷つけ、自分を苦しませます。軽い気持ちでしてしまった悪事からは、どんなに目を背けても決して逃げることはできません。自分の言葉や行動はすべて、自分に起こる結果として戻ってくるのです。

一つでも自分にしかできないことを身につける

一芸是れ立つ、五車通し難し（性霊集）

「5台の車に載るほど多くの本を書いたとしても、それが正しい道理に基づいていなければ、何の役にも立たない。しかし、たった一つでも秀でた芸のある人は必ず重宝される」という言葉です。

たとえば「いつか役に立つかもしれない」と多種多様な資格を取る人がいます。しかし、机上で学んだだけの技能は、他人のために役立てることはできません。

資格や肩書きがなくても自分で学び実践してきたことは、かけがえのない財産となり、自分や他人を助けます。たとえ、お金や持ち物がすべて奪われたとしても、自分の中に財産があれば、いつでも立て直すことができるのです。

自分の利益を学びの目的にしてはいけない

古の人は道を学んで利を謀《はか》らず
今の人は書を読んで
但《た》だ名と財とにす
（性霊集）

『簡単にお金が稼げる方法』『誰でもお金持ちになれる本』……書店にはよくそのようなタイトルの本が並んでいます。「そんなに簡単にお金が手に入るなら……」と、思わず手を伸ばしたくなる人もいるかもしれません。

空海は学びの姿勢について、「昔の人は学問によって名誉や利益を求めることはなかったが、今の人は本を読んでもお金や評価に換算してい

る」といいます。つまり、学びを目先の損得勘定で考えるのは愚かだということです。利益を考えるほど、善悪の判断ができなくなり、道を踏み外してしまうのです。
名利への執着を離れ、自分や他人、世の中のために学びを極めること。その姿こそ、後世にまで名を残すような生き方となるでしょう。

行動が変われば結果は変わる

因果あい感ずること　あたかも声響《しょうこう》のごとし（性霊集）

山の上から、向かいの山に向かって「やっほー」と叫ぶと、少し遅れて「やっほー」と返ってきます。違う言葉が返ってくることはあり得ません。

私たちはそのことを自分の行動にも当てはめる必要があります。善い行いも悪い行いも、自分のしたことはそのまま自分に返ってくるのです。悪いことをしているのに、善い結果が返ってくることを求めていないでしょうか。

仕事や勉強で思うように結果が出せないとき、人間関係に悩んだとき、環境や他人のせいにしたりしてはいけません。今起こっている問題は自分の行動を振り返るチャンスなのです。自分の至らぬ点に気づき、それらを一つ一つ改めていくことで、結果も少しずつ変わってくるはずです。

求道《ぐどう》の志は己を道法に忘る　なお輪王《りんのう》の仙に仕へしが如し（性霊集）

新しいことを学びたければ
まず今の自分を捨て去ること

「自分は特別」と思うと恥をかく

恥を遼豕《りょうし》に招かん
（性霊集）

「豕」は、豚のこと。中国遼東地方の人が、珍しいと思って都に献上した豚が、都では珍しいものではなかったと知り恥をかいたという故事に由来する言葉です。自分だけが知っていると思い優越感に浸っていたら、実は周りのみんなが知っていたという経験のある人も多いのではないでしょうか。

たとえば人生がうまくいっているとき、「自分は特別だ」

「才能がある」と感じるかもしれません。しかしそんな傲慢な態度は、周囲に見透かされ、逆に自分の小ささを露呈することになります。
　うまくいっているのは、周りで支えてくれる人のおかげ。謙虚な気持ちで生き続けている人ほど、自然と周囲から一目置かれるような存在となるでしょう。

自分を棚に上げて他人を批判しない

痛狂は酔わざるを笑い　酷睡《こくすい》は覚者を嘲る（般若心経秘鍵）

酒に酔った人が素面《しらふ》の人を笑い、寝ぼけた人が目覚めている人を愚弄する。何と無意味で滑稽なことでしょうか。私たちは皆、迷いの中にいるにも関わらず、他人を否定し、蔑み、攻撃します。正しい道を歩いている人に対して、「何でわざわざそんな道を歩くのか」と笑う人さえいます。

空海は同じ書の中で、「哀れなるかな、哀れなるかな、長眠の子、苦しいかな、痛いかな、狂酔の人」という言葉も残しています。迷いの世界で眠り、一時的な快楽に酔いしれる私たちのことを、仏様は憐れみ、悲しんでおられるのです。

その見えない慈悲に気づき、まだ寝ぼけた状態である自分自身と向き合うことが迷いの世界から抜け出す第一歩となるでしょう。

心と環境は影響し合う

心垢《しんけがらわ》しければ境《きょう》濁る　境閑《しずか》なるときは心朗らかなり（性霊集）

心が曇っていれば、周りの景色も暗く見えます。静かな環境の中では、心も明るく軽やかになります。心の状態によって見えるものが変わり、周りの環境によって心が動くこともある。つまり、心と環境はお互いに影響し合っているのです。

ですから、もし今、暗い物事ばかりが目についたり、何気ない他人の言葉が自分を責めているように感じるのなら、それは自分の心が悲観的な状態になっているからかもしれません。また、常に情報が飛び交い、それらに左右されるような環境では心を落ち着けることができません。

前向きな心を保つためには、静かな環境をつくることです。忙しい毎日の中でも部屋を整え、音や情報から離れる時間を持ちましょう。

一流の仕事は、道具の手入れから始まる

良工は先ずその刀《とう》を利《と》くし
能書は必ず好筆を用う
（性霊集）

一流の仕事をする人にとって道具は命のように大事なもの。それは「良い仕事をしたい」、「相手に喜んでもらいたい」という気持ちの表れともいえるでしょう。「良い大工はまずその道具を研ぎ、一流の書家は必ず良い筆を用いる」という言葉通り、書の達人としても知られた空海は筆や墨など書の道具についてよく学び、書きたいものに合わせて筆を使い分けていたとい

います。
　一日の初めに仕事に使う道具の手入れをすることを習慣にしてみてください。道具だけでなく、身につけるカバンや靴をピカピカにしたり、机の周りや引き出しも整理しましょう。それにより、頭の中もすっきりし、何をやるべきかが見えてくるはず。そんな少しの習慣が仕事の質を大きく左右するのです。

人の成長は学び方にかかっている

物の興廃は必ず人に由《よ》る　人の昇沈は定めて道にあり（性霊集）

「物事が興るか廃れるかは、それに関わる人による。人が向上するか沈むかはその人の学び方や生き方にかかっている」。この言葉は、空海が京都に「綜芸種智院」を創設するにあたり、教育の目的について述べた文章の一節です。綜芸種智院は日本で初めての私立学校で、それまで貴族や豪族だけのものであった教育の機会を庶民にも与えました。

空海は「すべての人には仏性があり、平等である」という信念を持っていました。私たちはただ知識を蓄えるだけではなく、学びの機会を活かし、生きる智慧として使っていくことが必要です。その努力があれば、年齢を重ねても人としての成長を続けていけるのです。

うまくいかないことを他人のせいにしない

昇墜は他の意に非ず　衰栄は我が是非なり（十住心論）

うまくいっていた仕事が突然スランプに陥ったり、自分より若い人に立場を奪われたり…そんな時に、社会や環境、相手のせいにしていませんか。空海は「地位や名誉を得るのも失うのも他のもののせいではなく、人が衰えるのも栄えるのも自分の行いによるものだ」といい、私たちの態度を戒めています。うまくいけば自分の実力だと有頂天になり、悪くなれば周りのせいだという、その生き方では成長は望めないのです。

人生は良い時期と悪い時期が交互に訪れます。その状況に振り回されて一喜一憂するのではなく、どれも自分自身の行いの結果であると受け止めること。それにより、自分の至らない点に気づき、改めることができるのです。

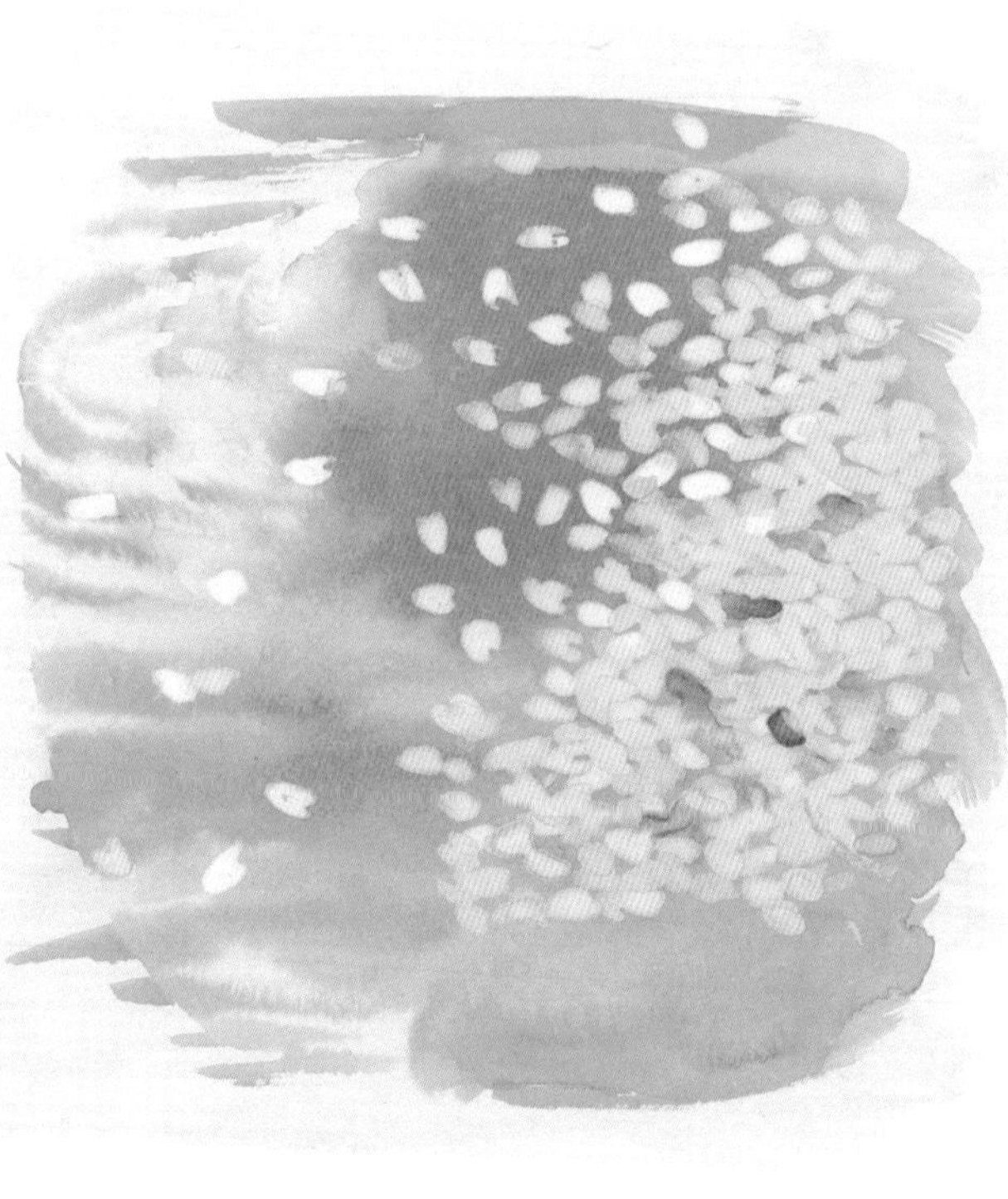

空海の人生 ④空海の入定

空海は59歳の頃、高野山の一角に大講堂を落成させます。その完成に感謝を捧げる大法会で、空海は「虚空尽き、衆生つき、涅槃尽きなば、我が願いも尽きなん」（↓142ページ）という壮大な誓願を立てました。

そして、この頃から空海は、高野山に身体を永遠に留める「入定」の準備を始めます。高野山に篭って座禅に専念し、入定の5ヶ月前には、その日にちと時刻を予告したのです。

空海は次第に水さえも口にしなくなりました。そして予告通り835年（承和二）3月21日寅の刻（午前4時）、禅定を続け、手には大日如来の定印を結びながら入定されました。62歳のときでした。

空海の入定への決意は、衆生の救済を目的とする、慈愛と悲願に満ちたものでした。空海は入定後もなお衆生を救いたいと願い、迷い苦しむ私たちをいつも見守ってくださっているのです。

第五章
強く生きられる言葉

結果が出なくても投げ出さない

麟鳳《りんぽう》を見ざれども
羽毛の族《たぐい》を絶つべからず
如意を得ざれども
金玉の類を抛《なげう》つべからず
（秘蔵宝鑰）

中国神話の伝説上の生き物である麒麟《きりん》や鳳凰《ほうおう》は、現れると天下泰平をもたらすと信じられています。しかし、それらがなかなか現れないからといって他の鳥や獣を絶滅させてしまったら、麒麟や鳳凰は決して現れることはありません。また、すべてが意のままになる如意宝珠が見つからないからといってすべての金銀宝石を捨ててしまえば、宝珠を得ることはできません。

私たちの人生においても、素晴らしい結果というのは、すぐに現れるものではありません。しかし、報われないからといってすべてを投げ出してしまったらチャンスは失われます。なかなか咲くことのなかったつぼみが開くのは、明日かもしれないのです。

厳しさの中にも「赦《ゆる》し」の視点を

春生じ秋殺するは天道の理なり
罪を罰し、功を賞するのは
王者の常なり（性霊集）

この言葉は罪を犯した一人の僧侶のために、空海が朝廷に宛てて書いた手紙の一節です。「罪を罰し、功績を讃えるのは王者にとって行わなければならないことである」とし、続けて「しかしながら、冬の厳しい寒さの中にも暖かい日が全くなければ、梅や麦はどうやって花を咲かせることができるのか」と述べて、罪を赦してもらうよう訴えました。

現代では過ちを犯した人に対して、非常に厳しい言葉が投げかけられることが少なくありません。しかし、どこかにやり直すチャンスがなければ社会全体がとても窮屈なものになっていきます。人を責めるばかりではなく、赦すという視点も忘れないようにしたいものです。

心が清らかになれば、迷いは消え失せる

明暗ともならず　一は強く　一は弱し（性霊集）

「明るさと暗さが一緒になることはない。一方が強くなれば、一方は弱くなる」という言葉です。明るい智慧を持っていればすべてが徳で満たされますが、愚かな迷いの中にあれば、ますます心は陰っていくということです。

どんなに善い行いを積み重ねていても、ひとつ不正に手を染めればたちまち心は曇り始めます。悪いことばかりが目に入り、心が荒んでいくことでしょう。反対に、いつも心が明るく清らかであれば、次々によいことが起こります。それは、自然と周りに前向きな人が集まってくるからです。

人生がうまくいかないと感じた時ほど、小さな善行を軽視しないこと。少しずつ差し込んだ光はやがて心全体に広がっていくでしょう。

異滅の毒龍は我我を無知に吸う（理趣経開題《りしゅきょうかいだい》）

自分の都合ばかりを優先する人は
毒龍に吸い込まれる

貴重な機会を逃さない

風燭《ふうしょく》滅え易《き》く　良辰《りょうしん》遭い難し（高野雑筆集）

「生命は風前の灯のようにはかないもので、良い機会はめったに訪れるものではない」という言葉の通り、私たちの人生は、何が起こるかわかりません。だからこそ、チャンスが目の前に現れたらすぐにつかまえなければいけません。

「一期一会」という禅の有名な言葉があります。一期というのは人が生まれてから死ぬまでの一生のことを表します。茶道では、茶会に臨む際、一生に一度の機会であることを心得てお互いに誠意を尽くすことが大切だとされています。この先、また顔を合わせることがあるとしても、今日の出会いはその日限りなのです。

人やものとの縁によって自分の生き方も大きく変わります。その機会を貴重なチャンスとして感謝し、大切にできるかどうかにかかっているのです。

短い一生で何を積み重ねるか

人生百年に非ざれども共に万歳《まんさい》の業を営む（性霊集）

「業」というのは仏教で人の意思による行為を表す言葉。業の積み重ねによって、私たちが今生きている現実が作られているのです。空海は「人生は百年もあるわけではないのに、一万年の業を積み重ねる」といい、さらに「日々悪魔が集まって誘い、命の綱は簡単に切れる。そして閻魔王の裁きをうける」と続きます。

人は生まれた時は皆、純粋無垢な赤ちゃんです。年老いて、病を抱え、亡くなっていくのを避けられる人はいません。ですが、その短い一生の間をどのように生きるかは自分の選択にかかっています。悪魔の声に魅せられたまま一生を終える人もいれば、他人のために尽くし、心穏やかに過ごす人もいるでしょう。自分の生き方は、今からでも変えることができるのです。

空海は今も私たちを救ってくださる

虚空尽き　衆生尽き　涅槃尽きなば　我が願いも尽きん（性霊集）

この言葉は高野山で行われた「萬燈会《まんどうえ》」という法会の際に、空海が仏に誓願を立てた文章の一節です。「この宇宙が尽き、苦しむ人々がいなくなり、悟りの世界も尽きるまで、私の願いは永遠に続く」と述べ、たとえ今の生を終えたとしても、生きとし生けるすべてのものに報いたいという決意を表しました。そして、人々の苦しみや迷いが無くなったときにはじめてその願いがかなうというのです。

四国八十八箇所をめぐるお遍路さんでは、「同行二人」という言葉が使われます。これは、お大師さまが共に歩いてくださるという意味。長い時を超えて、今も空海は私たちを救ってくれているのです。空海の願いを引き継いだ私たちにできることはいったい何か考えてみませんか。

人と時代がぴったり合った時、道は開ける

時至り人叶うときは道無窮に被らしむ
人と時と矛盾するときは教すなわち地に堕つ（性霊集）

空海が唐から帰国する途中、越州（現在の浙江省紹興）で仏教や儒教、道教など様々な経典の収集を地方長官に依頼したときの言葉です。「時が熟し、相応する人物が現れれば道は開け、教えは限りなく広がる。しかし、人と時とが矛盾すればその教えは地に堕ちる」と述べ、貴重な経典を日本に持ち帰ることを許してもらうようお願いしたのです。

時が熟していなければ、どんなに才能あふれる人も時代に必要とされず埋もれてしまうことがあります。周りから認められないからといって焦るのは禁物です。冷静に時代を見極めましょう。

沈迷の端　驚かずんばあるべからず（性霊集）

気づくことが悟りだ
迷っても驚くことはない

私たちは生や死について何も知らない

生れ生れ生れ生れて生の始めに暗く　死に死に死に死んで死の終わりに冥し
（秘蔵法輪）

「何度生まれても生の始まりが何であるのか知らず、何度死んでも死の終わりがどうなるか知らない」。これは、空海の遺した最も有名な言葉のひとつです。私たちは生きること、そして死ぬことに対して無知なまま輪廻転生しているのです。

空海はまた、「起るを生と名づけ、帰るを死と称す」とも述べています。生死とは特別なことではなく、朝目覚めるように生が始まり、元の場所に帰っていくという自然な流れの中にあるのかもしれません。

私たちは必ずいつか死を迎えます。だからこそ、その死から目をそらさず受け入れることで、しっかりと前を向いて生きていけるはずです。

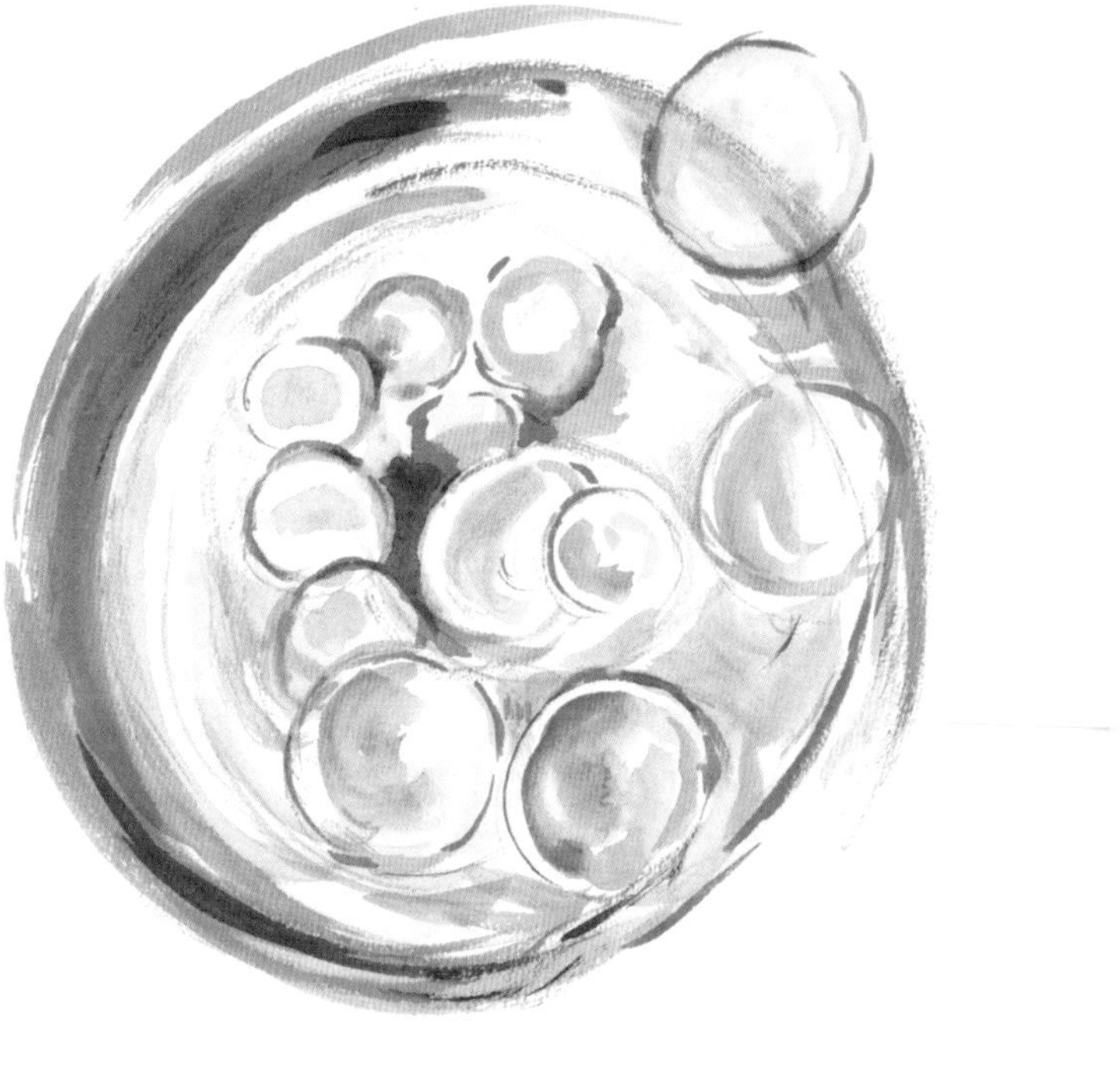

言葉には人を動かす力がある

真言は不思議なり　観誦すれば無明を除く（般若心経秘鍵）

真言とは大日如来が発した「真実の言葉」。神に祈りを捧げる呪文です。仏様の言葉である梵語で唱えることで、神々を動かすことができると考えられています。空海は「真言は不思議なものである。心をこめて唱えれば、迷いや愚かさが消えていく」と述べています。様々な修行の中でも、真言を唱えて仏様と一体化することを目指す口密《くみつ》を重視し、真言宗においても重要な修行に位置づけました。

私たちが普段使う言葉にも力が備わっています。優しく穏やかな言葉はたった一言でも相手の気持ちを動かし、鋭い言葉は自分も他人も傷つけます。人とのつながりが希薄になりがちな現代だからこそ、丁寧に言葉を選び、心を込めて口にしたいものです。

本当の賢者は何も語らない

大智は愚なるが若し（真言付法伝《しんごんふほうでん》）

過去の栄光や、一度手に入れた肩書きを引き合いに出し、自分がいかに大物であるかを吹聴して回る人がいます。また、よく知りもしない分野の話に首をつっこみ、知ったかぶりをする人もいます。いくら雄弁に語ったところでその姿は滑稽であり、くり返される自慢話に周囲は辟易するものです。

「真に智慧のある人は一見すると愚者のように見えるものだ」というこの言葉の通り、本当に賢い人は自分の才能をわざわざひけらかすことはありません。また、知らないことは素直に相手に質問できるので、ますます知識が豊富になるでしょう。

表面上の評価にとらわれず、自分を磨き続けることで何も語らずとも、周りから一目置かれる存在となるのです。

宝はすでに自分の心の中にある

自宝を知らず狂迷を覚と謂《おも》えり
愚に非《あら》ずして何ぞ（秘蔵宝鑰）

私たちは他人と自分を比べて落ち込んだり、人生が理想通りにならないと嘆いたりします。しかし、いつも遠くばかりを見て、足元にある大切なものを見失っていないでしょうか。空海は、「迷いの中にある人は、自分の中にある宝を知らずに、間違ったものを悟りと勘違いしている。これを愚かだと言わずして何と言うか」と述べ、私たちに気づきを与えてくださってい

ます。

宝とは、自分が生きる上で軸となるものです。他人ばかりがうまくいっているように見えたり、自分の進むべき道がわからず迷ったときには、原点に帰り、自分の中の宝を見つめ直してみてください。心に秘めた信念や情熱を取り戻すことで、ブレることなく、自分らしい人生を生きられるようになるでしょう。

年表

空海の誕生から入定までの年表です。
ドラマチックな空海の人生を簡単に紹介します。

西暦（和暦）	年齢	出来事
七七四（宝亀五）	1歳	讃岐国《さぬきのくに》（香川県）多度郡に生まれる。
七八〇（宝亀一一）	7歳	仏法を広める誓いを立てて身を投げ、天女に救われたとされる。
七八八（延暦七）	15歳	桓武天皇の皇子の教育係も務めた、おじの阿刀大足《あとのおおたり》を訪ね、儒教などを学ぶ。
七九一（延暦一〇）	18歳	都の大学に入るが、その教育内容に飽き足らず、学外に学びを求める。 ある修行者から虚空蔵求聞持法《こくうぞうぐもんじほう》を授かり、各地で修行に励む。
七九七（延暦一六）	24歳	『聾瞽指帰《ろうこしき》』（後に『三教指帰《さんごうしいき》』と改題）を著す。この頃から空海と名乗るようになる。
八〇四（延暦二三）	31歳	四月 東大寺戒壇院《かいだんいん》で授戒《じゅかい》し、正式に僧となる。 七月 遣唐使の一員として出発。悪天候のため漂流する。 十二月 中国・福建省に漂着し、入唐《にっとう》する。
八〇五（延暦二四）	32歳	五月 唐・西安の青龍寺《しょうりゅうじ》で恵果和尚《けいかかしょう》と出会い、西明寺《さいみょうじ》と青龍寺を往復する生活が始まる。 玄奘三蔵がインドから持ち帰った経典を納めた大雁塔《だいがんとう》を毎日のように眺める。 八月 恵果和尚から伝法阿闍梨位の灌頂《かんじょう》を受け、密教の正式な後継者となる。

八〇六（大同元）	33歳	八月 日本に密教を広めるため、二十年の留学予定を二年で切り上げて帰国する。 十月 留学の予定を切り上げたため帰京が許されず、九州で過ごすことに。 中国から持ち帰った品々を書き留めた『御《ご》請来《しょうらい》目録』を作成する。
八〇七（大同二）	34歳	密教に空海独自の思想を合わせて真言宗を確立する。
八〇九（大同四）	36歳	最澄の尽力もあって上京の許可が下り、入洛する。京都・高雄山寺に入る。 嵯峨天皇が即位する。この頃から、たびたび宮中を訪れるようになる。
八一〇（弘仁元）	37歳	高雄山寺で鎮護国家の修法を行ったことがきっかけで、本格的に嵯峨天皇の信頼を得る。
八一一（弘仁二）	38歳	長岡京にある乙訓寺の別当（長官）に就任する。
八一二（弘仁三）	39歳	京都の高雄山寺で最澄等に灌頂を授ける。
八一六（弘仁七）	43歳	朝廷から高野山を賜り、真言宗の修行場の造営を始める。
八二一（弘仁一二）	48歳	朝廷の命を受け、讃岐国満濃池の修繕を指揮する。
八二二（弘仁一三）	49歳	平城《へいぜい》上皇に灌頂を授ける。この頃『文鏡秘府論』『三昧耶戒序《さんまやかいじょ》』を著す。
八二三（弘仁一四）	50歳	東寺を賜り、真言宗の道場・鎮護国家の中心寺院とする。この頃『般若心経秘鍵《はんにゃしんぎょうひけん》』を著す。
八二八（天長五）	55歳	京に教育施設「綜芸種智院《しゅげいしゅちいん》」を開く。
八三〇（天長七）	57歳	『秘密曼荼羅《まんだら》十住心論』『秘蔵宝鑰《ひぞうほうやく》』を著す。
八三五（承和二）	62歳	空海入定《にゅうじょう》。

地図

空海ゆかりの地のうち、特に重要なところを集めました。
是非、一度訪ねてみてください。

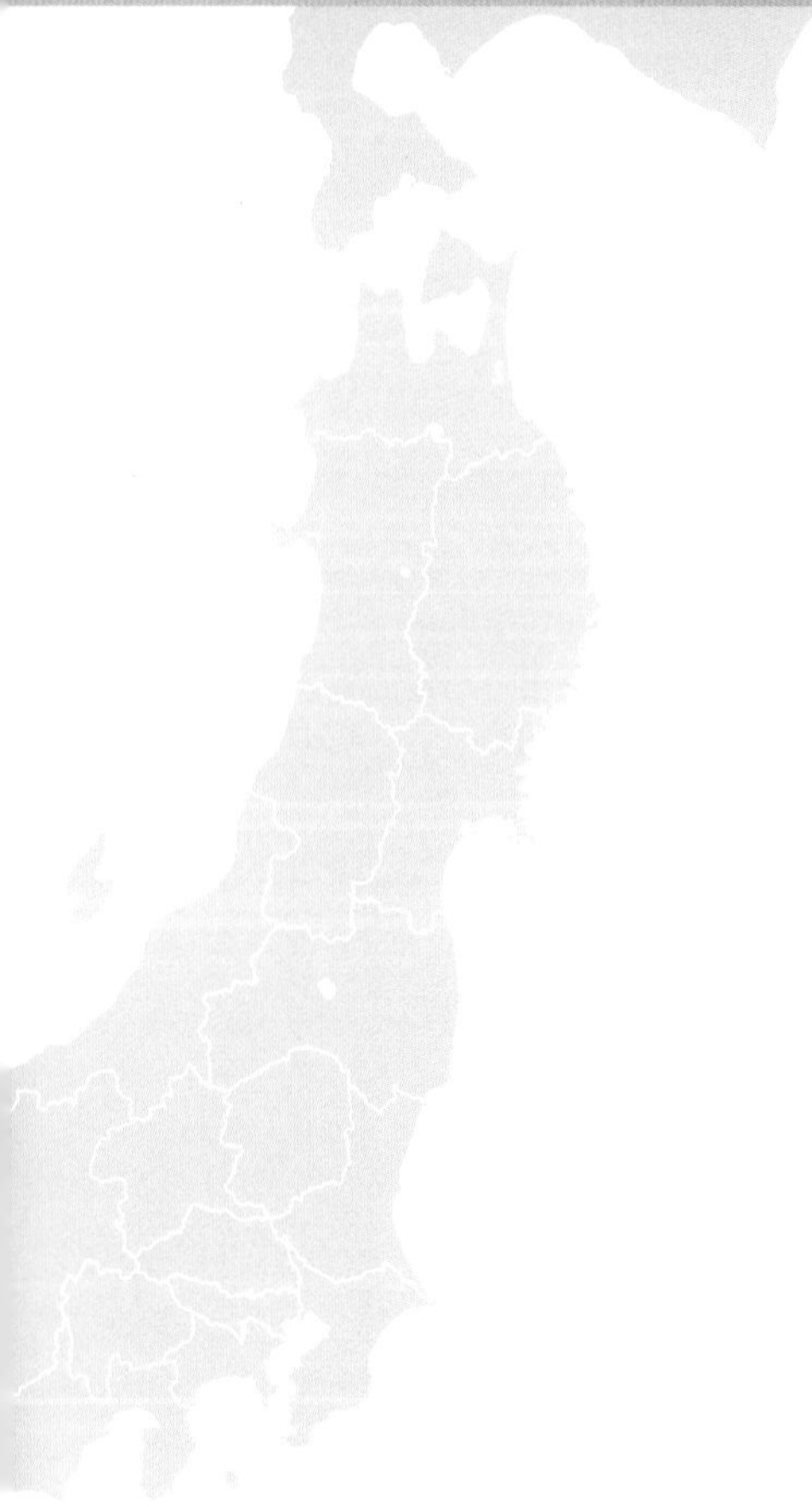

和歌山県

高野山
真言宗の道場として
朝廷から賜る（43歳）

中国

福建省赤岸鎮
遣唐使船が嵐に遭い、漂着する（31歳）

西安大雁塔（慈恩寺）
玄奘三蔵が持ち帰った経典を納める塔。長安滞在中の空海が毎日のように眺めていたと思われる（32歳）

西安青龍寺
恵果和尚に出会い、密教の正式な継承者となる（32歳）

京都府

高尾山神護寺
鎮護国家の修法を行う（37歳）

乙訓寺
別当（長官）に就任（38歳）

東寺（教王護国寺）
朝廷から賜り、都における真言宗の道場とする（50歳）

香川県

善通寺
空海が生まれる（1歳）

満濃池
朝廷からの命で修繕を行う（48歳）

長崎県

五島列島
田ノ浦
遣唐使船に乗り、中国へ旅立つ（31歳）

高知県

室戸岬
虚空蔵菩薩を象徴する金星が口の中に飛び込むという宗教体験を得る（18歳）

［監修］近藤堯寛（こんどう ぎょうかん）
1946年、名古屋市生まれ。高野山大学卒業。金龍寺前住職、御劔小学校PTA会長、保護司、名古屋拘置所教誨師、高野山真言宗教学次長、布教研究所所員などを歴任。現在、高野山桜池院住職、高野山本山布教師、高野山大学非常勤講師、伝燈大阿闍梨。著書に『空海名言辞典』（高野山出版社）、『弘法大師を歩く』（宝島社新書）、『ひと言ひと言がわかる般若心経入門』（宝島社）、『空海散歩』（筑摩書房）、『おとなの絵本・観音物語』（高野山出版社）などがある。

［画］臼井 治（うすい おさむ）
日本画家、日本美術院 特待。愛知県立芸術大学大学院美術研修科修了。師は片岡球子。愛知県立芸術大学日本画非常勤講師、同大学法隆寺金色堂壁画模写事業参加を経て、現在は朝日カルチャーセンターなどで日本画の講師を務める。また、国内のみならずリトアニア、台湾など海外での個展も開催。近年は、寺社の障壁画、屏風画を手掛けるなど、日本古来の伝統的技法を駆使し多岐に渡り活躍中。

［参考文献］空海名言辞典（高野山出版社）／空海さんに聞いてみよう 心がうれしくなる88のことばとアイデア（徳間徳間文庫カレッジ）／人生が変わる空海 魂をゆさぶる言葉（永岡書店）／空海！ 感動の言葉（中経の文庫） など

装丁デザイン　宮下ヨシヲ（サイフォン グラフィカ）
本文デザイン・DTP　渡辺靖子（リベラル社）
編集　山田吉之・安田卓馬（リベラル社）
編集協力　宇野真梨子
編集人　伊藤光恵（リベラル社）
営業　廣田修（リベラル社）

営業部　津村卓・澤順二・津田滋春・青木ちはる・竹本健志・春日井ゆき恵・持丸孝
制作・営業コーディネーター　仲野進

くり返し読みたい 空海

2021年2月28日　初版

発行者　隅田直樹
発行所　株式会社 リベラル社
〒460-0008 名古屋市中区栄3-7-9 新鏡栄ビル8F
TEL 052-261-9101　FAX 052-261-9134　http://liberalsya.com
発　売　株式会社 星雲社（共同出版社・流通責任出版社）
〒112-0005 東京都文京区水道1-3-30
TEL 03-3868-3275

 ISBN978-4-434-28493-9　C0015